AF533952
www.entdecke.de

# *Entdecke* Minerale & Gesteine

Marlene Dreizler und Christopher Giehl

itelbild: Minerale und Gesteine gibt es in allen möglichen Farben
ückseite: Ein schöner Amethyst gehört in jede Sammlung von Mineralien

eite 1: Roter Turmalin
eite 2/3: Aufgestellte Steine an einem Strand der Insel Korfu



SBN: 978-3-86659-406-7


n der Kleimannbrücke 39/41
8157 Münster
el.: 0251-13339-0
ax: 0251-13339-33
-Mail: verlag@ms-verlag.de
ome: www.ms-verlag.de
eschäftsführung: Matthias Schmidt
ayout: Barbara Leibig – grafikwerkstatt – BueroB
ektorat und Bildredaktion: Kriton Kunz
ruck: Alföldi, Debrecen

itelbild: Autor
ückseite: Dafinchi/Shutterstock
orsatzpapier: Gumpanat/Shutterstock

eite 2+3: Barbara Leibig
eite 10: oben: Autor
eite 12: Autor
eite 13: oben: Foto Credit/Lisa Arzi
eite 35: oben: Kriton Kunz
eite 53: oben: Autor
eite 58-61: Kriton Kunz

**auritius Images**
eite 6: oben links:Dennis MacDonald

**rco Images GmbH**
eite 4+5: Jan & Nadine Boerner
eite 6: oben rechts: E. Baccega
eite 8: oben: Jana Mänz
eite 11: David Pereiras
eite 14: Westend61/David Pereiras
eite 16: NPL/Wild Wonders of Europe/Grunewald
ite 17: FLPA/S Jonasson
eite 18: imageBROKER/Christian Vorhofer
eite 20: imageBROKER/Josef Beck
eite 22: FLPA/S Jonasson
eite 23: oben: Westend61/Robert Niedring
eite 24: oben: Westend61/Alun Richardson
eite 29: Stefan Huwiler
eite 38+39: imageBROKER/Moritz Wolf
eite 39: Minden Pictures/Mitsuaki Iwago
eite 40: Westend61/EJW
eite 41: Westend61/Andreas Pacek
eite 41: imageBROKER/Hans Blossey
eite 42+43: Westend61/pure.passion.photography
eite 44: J. Kruse
eite 49: NPL/Ingo Arndt
eite 50: Minden Pictures/Jim Brandenburg
eite 51: imageBROKER
eite 54: imageBROKER/Fabian von Poser

Seite 55: imageBROKER/Bahnmueller
Seite 62: Westend61/realitybites

**Shutterstock**
Seite 1: Albert Russ
Seite 8: unten: Madlen
Seite 9: oben rechts: magnetix
Seite 9: Sebastian Janicki
Seite 10: Von J. Palys
Seite 11: Dr. Norbert Lange
Seite 12: unten: Lukiyanova Natalia frenta
Seite 13: unten: Levgenii Meyer
Seite 15: oben: Andrea Danti
Seite 15: unten: Peter Hermes Furian
Seite 19: links: SvedOliver
Seite 19: rechts: vvoe
Seite 19: unten: leoks
Seite 21: links oben: Sved Oliver
Seite 21: rechts oben: vvoe
Seite 21: unten: Christopher Edwin Nuzzaco
Seite 22: Kasten: leoks
Seite 23: unten: Olga Danylenko
Seite 24: unten: Nikitin Victor
Seite 25: vvoe
Seite 26: oben: Monkey Business Images
Seite 27: Wassana Mathipikhai
Seite 28: oben: Kamira
Seite 28: unten: AlexussK
Seite 28: unten: Bildagentur Zoonar GmbH
Seite 30+31: ronnybas frimages
Seite 32: Alexander Raths
Seite 32+33: chonlasub woravichan
Seite 34: oben: Von Phil64
Seite 34: mitte rechts: Fokin Oleg
Seite 34: unten links: vvoe
Seite 34: unten rechts: www.sandatlas.org

Seite 35: oben rechts: azure1
Seite 35: unten links: Brian C. Weed
Seite 35: unten rechts: vvoe
Seite 36: oben: Albert Russ
Seite 36: unten: Albert Russ
Seite 37: Ralf Lehmann
Seite 39 unten: Bjoern Wylezich
Seite 40: Linnas
Seite 44: aerogondo2
Seite 45: oben links: David Tadevosian
Seite 45: oben rechts: p_ponomareva
Seite 45: unten: FXQuadro
Seite 46: africanstuff
Seite 46: TinaImages
Seite 46: unten: Sebastian Janicki
Seite 47: 3 x oben: Albert Russ
Seite 47: unten: Albert Russ
Seite 48: oben links: trekandshoot
Seite 48: oben rechts: Tyler Boyes
Seite 48: unten: photo-world
Seite 49: mitte: photo-world
Seite 50: mitte: everything possible
Seite 51: Tomas Ragina
Seite 52: Dave Pot
Seite 53: ZouZou
Seite 53: 4_mai
Seite 54: Oleksandr Lysenko
Seite 55: Robert Przybysz
Seite 56: Ron Zmiri
Seite 57: oben: Dafinchi
Seite 57: unten: J. Palys
Seite 64: Imfoto

**Thinkstock Images International**
Seite 6: oben links:
Seite 6+7: Patrizio Martorana
Seite 11: Kasten: Patrizio Martorana

# Inhaltsverzeichnis

# Willkommen in der Welt von Mineralen und Gesteinen!

Wenn Du an Steine denkst, kommen Dir bestimmt gleich ein paar Bilder in den Kopf: Kieselsteine, wunderschöne, bunte Schmucksteine oder Steinchen und Sand in der Sprunggrube Deiner Schule. Vielleicht warst Du einmal in den Bergen und hast riesige, beeindruckende Felswände gesehen, hast am Strand Sandburgen gebaut und vom Meer angespülte Steinchen gesammelt. All dies sind Beispiele, wo Dir Gesteine in der Natur begegnen können. Und es gibt noch viele mehr!

Aber was hat es eigentlich mit Steinen auf sich? Wo kommen sie her, was kann man mit ihnen anfangen und was macht sie so interessant? Was genau ist überhaupt ein Gestein, was ein Mineral – und was hat das mit der Erde zu tun?

Das Wissen über Gesteine und Minerale verrät uns eine Menge darüber, wie unser Planet Erde aufgebaut ist, wie er funktioniert und wie wir Menschen die vorhandenen Materialien nutzen können. In diesem Band der Entdecke-Reihe mit der Eule erfährst Du viele spannende Dinge über Minerale und Gesteine, die Bausteine unserer Erde. Komm also mit auf eine unterhaltsame, faszinierende Reise!

**Gesteine bauen unseren Planeten Erde auf, und Naturkräfte wie Wellen oder Regen wiederum formen die Gesteine**

Mit ein bisschen Wissen und etwas Ausrüstung kannst auch Du zum Entdecker von Mineralen und Gesteinen werden!

Hier siehst Du einen Geowissenschaftler bei der Arbeit

Nützlich für Geowissenschaftler sind beispielsweise Kompass, Karte, Hammer und Notizbuch

# Die Erforschung von Mineralen und Gesteinen

Die Wissenschaftler, die sich für Gesteine und Minerale interessieren und an ihnen forschen, nennt man Geowissenschaftler. Um ihre steinernen Forschungsobjekte zu bekommen, fahren sie in der ganzen Welt umher, klettern auf Berge und erkunden die Meere mit Schiffen, denn auch am Meeresboden lassen sich Gesteine finden! Wenn sie genug gesammelt haben – in der Fachsprache heißt das Proben nehmen –, schauen sie sich diese Gesteine genau an. Das kann man oft mit dem bloßen Auge tun, doch wenn das Material dafür zu klein ist, benutzt man ein Mikroskop. Außerdem lassen sich Gesteine noch mit vielen anderen Geräten untersuchen. Man kann Experimente an ihnen durchführen und sie sogar mithilfe von Computerberechnungen untersuchen. So erfährt man ihre spannenden Geschichten.

## Das Handstück

**Meist braucht der Geowissenschaftler oder die Geowissenschaftlerin einen Hammer, um an die Gesteine heranzukommen, die ihn oder sie interessieren. Daneben gehören auch ein Kompass, eine Lupe, ein Feldbuch und eine Landkarte zur Grundausrüstung, wenn man Proben nehmen möchte. Bevor mit dem Hammer zu Werke gegangen wird, legt man den Kompass an das Gestein und schaut, in welche Himmelsrichtung es sich neigt.**

**Um zu erkennen, um welches Gestein es sich handelt, braucht man das geübte Auge eines Geowissenschaftlers. Wenn er oder sie sich aber nicht sicher ist, hilft oft schon eine Lupe weiter. In die Landkarte und das Feldbuch notiert man sich, wo und was man gefunden hat. Diese Information ist sehr wichtig für spätere Untersuchungen. Glückwunsch, jetzt hast Du Dein erstes sogenanntes Handstück!**

**Gesteine bestehen aus verschiedenen Mineralen**

# Gesteine, Minerale, Kristalle

Sicher fragst Du Dich, was eigentlich der Unterschied zwischen einem Mineral und einem Gestein ist. Und von einem Kristall hast Du vielleicht auch schon einmal gehört. Ganz einfach: Ein Gestein besteht aus mehreren Mineralen. Dabei musst Du wissen, dass es viele verschiedene Sorten von Mineralen gibt, die wiederum aus unterschiedlichen „Bauteilen" bestehen. Stell Dir als Vergleich zu den Mineralen einfach verschiedene Eissorten vor, zum Beispiel braunes Schokoladeneis oder rosafarbenes mit Erdbeerge-schmack. Unterschiedliche Minerale haben, genau wie Eis, auch verschiedene Farben und Formen – und viele weitere Eigenschaften.

Gesteine bestehen also aus verschiedenen Mineralen und sind deshalb häufig unterschiedlich gefärbt und fleckig.

Und was sind nun die Bauteile der Minerale? Um eine Antwort auf diese Frage zu erhalten, müssen wir winzig kleine Teilchen angucken, die man Atome nennt. Atome sind so klein, dass man sie mit dem bloßen Auge nicht sehen kann, sondern nur mit ganz speziellen Mikroskopen. Aus verschiedenen Sorten von Atomen können verschiedene Minerale aufgebaut werden. Wenn

**Oft ist einem Stein von außen nicht anzusehen, welche Schönheit er in seinem Inneren birgt**

## Kugelstapel

**Wenn Du Dir ein Kristallgitter besser vorstellen willst, musst Du nur ein paar Kugeln aufeinander stapeln, zum Beispiel Murmeln oder Orangen. Dabei liegen die Kugeln einer höheren Lage immer automatisch in den Lücken zwischen denen der darunter befindlichen Lage. Wenn Du das Ganze ein bisschen höher baust, wirst Du eine ganz regelmäßige, geordnete Struktur feststellen. Die Kugeln entsprechen also den Atomen und der entstehende Stapel dem Kristallgitter.**

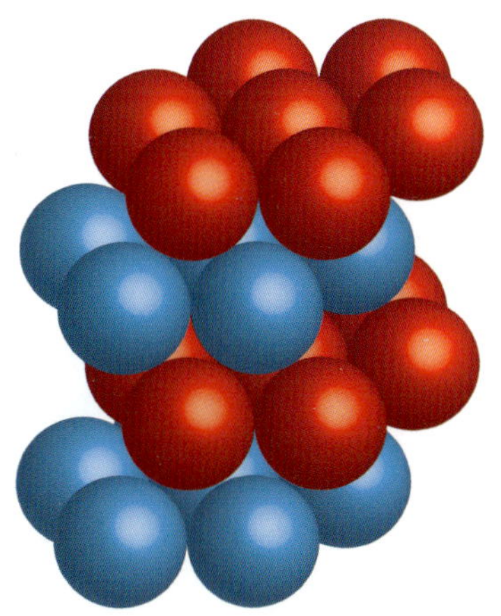

sich ganz viele Atome auf eine bestimmte, ganz regelmäßige Art verbinden, entsteht eine geordnete Struktur, die als Kristallgitter bezeichnet wird. Ein Mineral besteht aus einem solchen Kristallgitter mit vielen kugelförmigen Atomen darin. Dabei ist ein einziges Stück Mineral aus Trilliarden von Atomen aufgebaut, das ist eine Zahl mit 23 Nullen! Das kann man sich nur schwer vorstellen, oder?

Um es noch mal zusammenzufassen: Atome bauen Minerale auf und Minerale sind die Bauteile eines Gesteins.
Zuletzt noch zum Kristall: Im Grunde sind Kristalle das Gleiche wie Minerale, nur dass Kristalle regelmäßige Formen und glatte Flächen ausbilden, die Kristallflächen. Dies geschieht aber nur, wenn der entstehende Kristall genug Zeit und Platz hat, um frei zu wachsen. Wenn also an Mineralen solche Flächen und scharfe Kanten dazwischen zu erkennen sind, dann spricht man oft von einem Kristall.

**Kristalle sind sehr regelmäßig ausgebildete Minerale**

## Riesig!

**Zu den größten Kristallen der Welt gehören Gips-Kristalle in einer Höhle in Mexiko. Sie sind bis zu 14 Meter lang und können 50 Tonnen wiegen, das ist ungefähr so viel wie 40 Autos!**

Das Mineral Quarz zum Beispiel kann ganz klare Kristallflächen ausbilden und wird dann Bergkristall genannt. Kristalle können riesengroß sein oder so winzig klein, dass sie sich nicht mit bloßem Auge betrachten lassen.

Es gibt drei Vorgänge, bei denen Gesteine entstehen können, deshalb teilen Geowissenschaftler Gesteine in drei Gruppen ein: magmatische, sedimentäre und metamorphe Gesteine. Wo und wie sie entstehen und worin sie sich unterscheiden, wirst Du in den nächsten Kapiteln erfahren.

**Hier siehst Du Bergkristalle mit schönen Kristallflächen**

Unter dem Mikroskop zeigt dieses polierte Gestein, dass es aus kleinen Mineralen besteht

## Der Blick durch's Mikroskop

Wie untersucht man Gesteine? Oft reicht es aus, Gesteine mit dem bloßen Auge oder einer Lupe zu betrachten. Wenn das Gestein allerdings sehr kleine Minerale enthält, dann benutzt der Geowissenschaftler ein spezielles Mikroskop. Dafür muss das Gestein sehr dünn gesägt und poliert werden.

Für extrem kleine Minerale oder wenn man die genaue Zusammensetzung der Minerale messen will, braucht es spezielle Methoden, wie die Untersuchung unter einem Elektronenmikroskop.

# Der Aufbau der Erde

Bevor wir uns näher anschauen, was es mit Gesteinen und Mineralen auf sich hat, werfen wir noch einen Blick auf den Aufbau unserer Erde. Denn eigentlich besteht die ganze Erde aus festem Gestein, nur der äußere Erdkern tief im Erdinneren ist flüssig. Um zu verstehen, wo welche Gesteine herkommen und warum genau von dort, musst Du wissen, dass die Erde keineswegs ein starrer Brocken im Universum ist, sondern dass sie sich ständig bewegt. Und zwar dreht sie sich nicht nur um die Sonne und um sich selbst, sondern auch im Erdinneren gibt es Bewegung!

Wenn Du von der Oberfläche tiefer ins Erdinnere laufen könntest, würdest Du feststellen, dass es dort immer heißer wird. Außerdem wird der Druck immer größer. Wenn Du Dich auf ein Kissen setzt, wird es flacher, weil

**Hier soll einmal verdeutlicht werden, wie Druck auf ein Mineral wirkt. Ohne Druck ist das Mineralkorn ganz rund, liegt aber Gewicht darauf, wird es platt gedrückt. Das funktioniert genau wie bei dem Kissen, von dem im Text die Rede ist. Wenn noch mehr Druck von oben kommt, ist das Mineral irgendwann ganz flach und sieht überhaupt nicht mehr so aus wie am Anfang. So kannst Du Dir die Minerale tief im Erdinneren vorstellen.**

Dein Gewicht es zusammendrückt. Ungefähr so etwas kannst Du Dir bei dem Wort „Druck“ vorstellen, nur dass es bei der Erde natürlich um viel, viel mehr Druck geht, als wenn man sich auf ein Kissen setzt. Stell Dir vor, ein ganzes Gebirge würde auf dem Kissen liegen! So starken Druck müssen die Gesteine im Erdinneren täglich aushalten. Und je tiefer in der Erde die Gesteinsschicht, desto höher der Druck, der auf ihr lastet – klar, denn umso mehr liegt ja auch oben drauf.

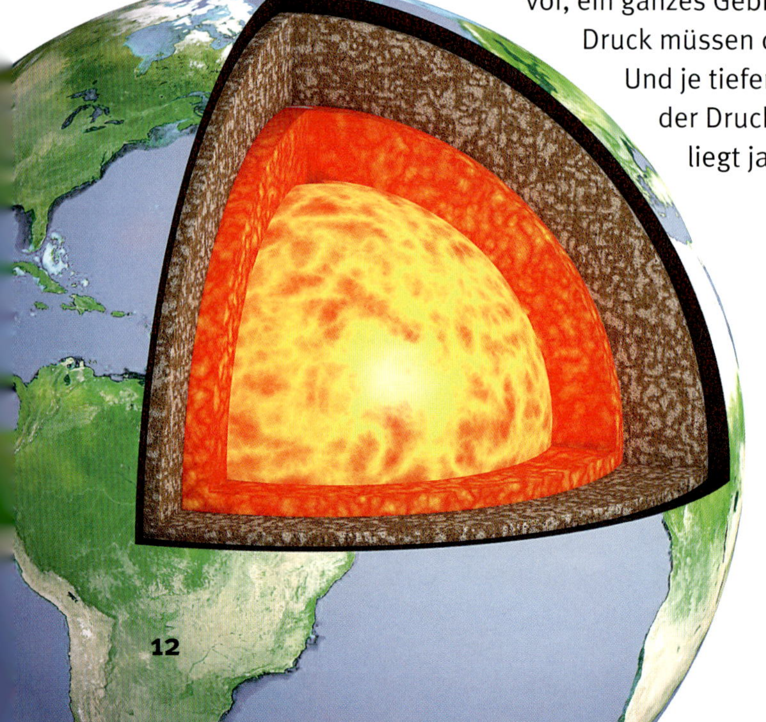

**So ist unsere Erde aufgebaut. In ihrem Inneren wird es immer heißer, und der Druck steigt.**

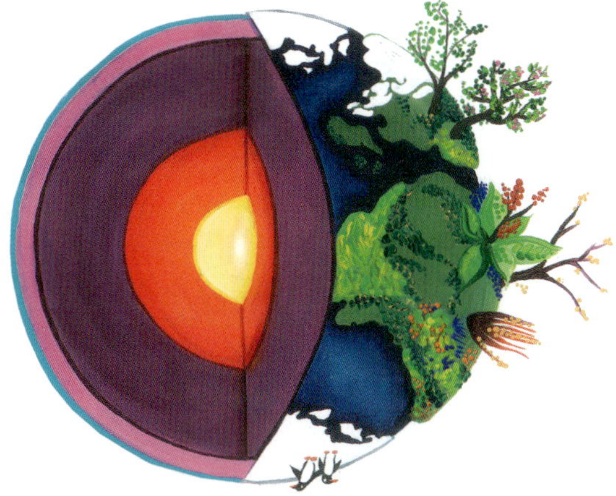

**Hier kannst Du sehen, dass ein aufgeschnittener Pfirsich ganz ähnlich aussieht wie die Erde. Beide haben eine Kruste, einen Mantel und einen Kern. Die Erde kann man natürlich nicht aufschneiden, aber inzwischen wissen Geowissenschaftler dank vieler verschiedener Untersuchungen ziemlich genau, wie es im Inneren aussieht.**

Wenn Du Dir die Erde einmal aufgeschnitten vorstellst, siehst Du, dass sie aus mehreren Schichten besteht. Der Aufbau ist so ähnlich wie bei einem Pfirsich! Wenn Du ein Viertel des Pfirsichs ausschneidest, siehst Du einen Kern, eine dicke Schicht Fruchtfleisch und eine dünne Haut. Im Prinzip sieht die Erde fast genauso aus. Wie beim Pfirsich nennt man den innersten Teil der Erde den Kern oder Erdkern. Er besteht aus Eisen und sorgt dafür, dass wir auf der Erde ein Magnetfeld haben. Im Kern ist es sehr heiß und dort herrscht ein sehr hoher Druck.

Um den Kern herum liegt der Erdmantel. Er entspricht der dicken Schicht Fruchtfleisch beim Pfirsich. Der Erdmantel macht den größten Teil des Erdinneren aus. Auch dort ist es sehr heiß, aber das Gestein ist dort nicht komplett starr. Die äußerste Schicht des Pfirsichs ist die dünne Haut an der Außenseite. Diese entspricht der Erdkruste, also der festen Oberfläche, auf der wir leben. Die Erdkruste ist aber nicht komplett durchgängig wie die Schale des Pfirsichs, sondern besteht aus mehreren gigantischen Platten. Das ist ganz ähnlich, wie wenn Du mit einem Messer die Haut des Pfirsichs anritzt, sodass feine Risse durch die Oberfläche gehen.

Unter der Erdschicht an der Oberfläche beginnen Gesteinsschichten

Gesteine sind allgegenwärtig

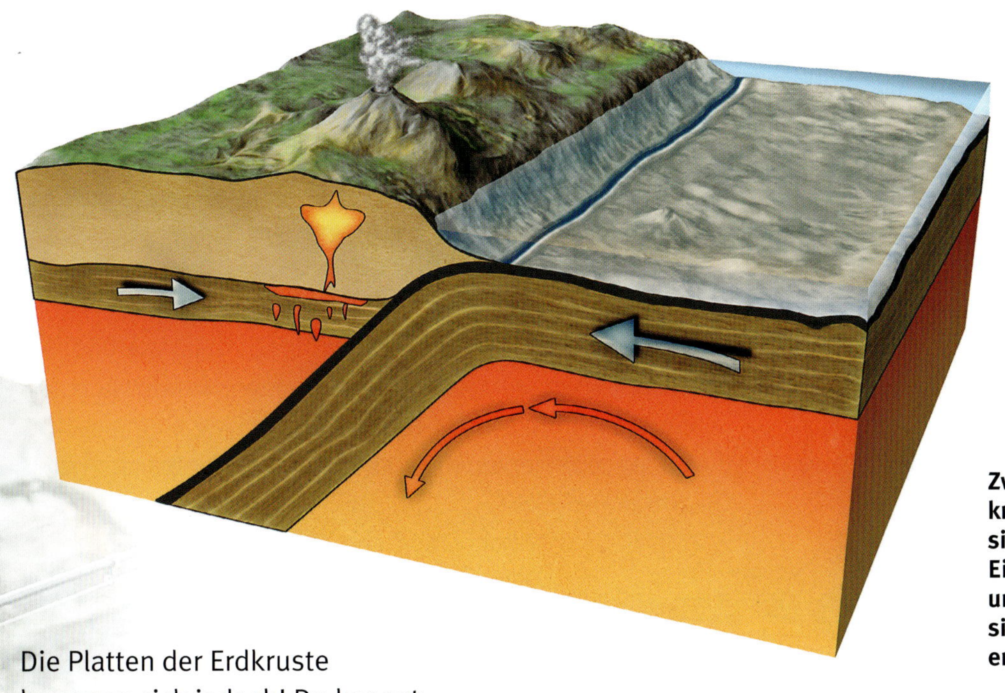

Zwei Platten der Erdkrusten verschieben sich gegeneinander. Eine wird dabei nach unten gedrückt. Wo sich die Platten treffen, entstehen Vulkane.

Die Platten der Erdkruste bewegen sich jedoch! Du kannst Dir das ein bisschen so vorstellen, als ob die Platten auf dem darunter liegenden Mantel schwimmen, natürlich ganz, ganz langsam. Wo die Ränder dieser Platten liegen, ist ziemlich gut bekannt, weil man dort häufig Gebirge oder Vulkane findet und weil sich dort auch die meisten Erdbeben ereignen. Die Platten stoßen nämlich auch einmal zusammen, schieben sich aufeinander oder übereinander oder schrammen aneinander vorbei. Und dann kann es passieren, dass das darunter liegende heiße Material nach oben steigt und einen Vulkanausbruch verursacht oder dass die Erde bebt. Hier in Deutschland sind wir allerdings ziemlich sicher, das liegt nämlich mitten auf einer Platte und nicht am Rand.

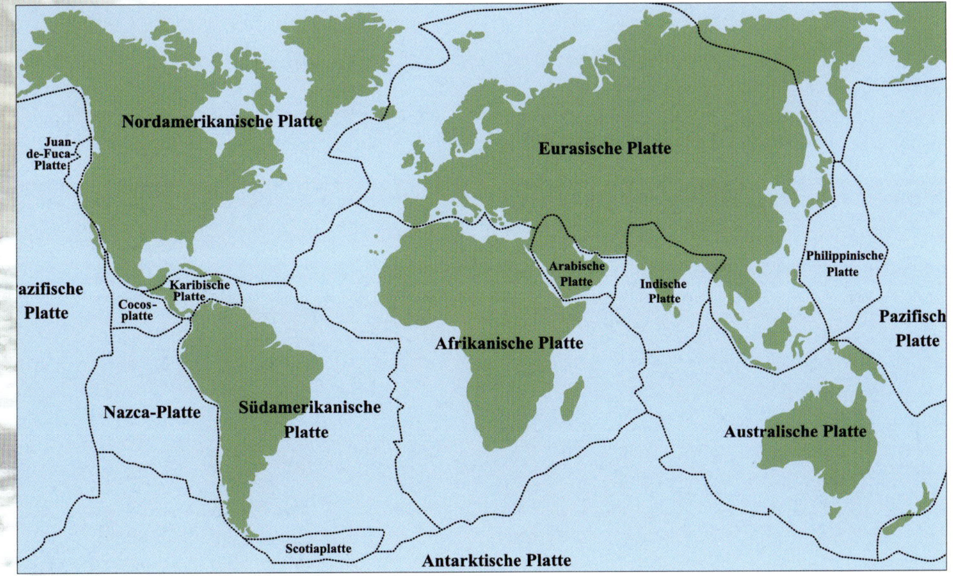


Auf dieser Weltkarte sind die Platten der Erdkruste eingezeichnet

# Von Vulkanen und der Entstehung von Gesteinen

Bestimmt hast Du schon einmal Bilder von einem Vulkan gesehen. Diese mächtigen, feuerspeienden Berge üben seit jeher eine ungeheure Faszination auf die Menschheit aus. Gleichzeitig sind sie sehr gefährlich für Lebewesen, die sich bei einem Ausbruch in der Nähe aufhalten.

Vulkanausbrüche können sehr unterschiedlich sein. Manchmal fließen riesige Mengen an Lava aus dem Berg heraus oder werden in die Luft geschleudert, wie zum Beispiel bei Ausbrüchen des Ätna in Italien. Andere Vulkane stoßen vor allem gigantische Aschewolken aus, wie viele Vulkane in Südamerika oder Indonesien. Wieder andere explodieren bei einem Ausbruch und können dabei den halben Berg wegreißen. Das ist zum beim Mount St. Helens in den USA passiert. Und es gibt Vulkane, die hören gar nicht auf mit dem Ausbrechen, sondern es fließt einfach die ganze Zeit Lava heraus. Wer das sehen möchte, muss nach Hawaii fahren und sich den Kilauea anschauen.

## Vulkanausbrüche

**Es gibt zwei Sorten von Vulkanausbrüchen. Manche Vulkane explodieren und schleudern Asche und Gestein in die Luft, das nennt man explosiven Vulkanismus; aus anderen fließt flüssige Lava, das nennt man effusiven Vulkanismus. Die Gesteine, die bei den beiden Arten von Vulkanen entstehen, sind deshalb auch ziemlich verschieden. Im Jahr 79 nach Christus brach der Vesuv in Italien sehr explosiv aus und begrub die nahe gelegene Stadt Pompeji unter einer mehreren Meter hohen Schicht aus Asche und Gestein. Aschewolken sind eine Gefahr für Flugzeuge. Beim Ausbruch des Eyjafjallajökull (Island) im Jahr 2010 war der Luftraum über Europa für mehrere Wochen gesperrt. Vulkane haben also einen großen Einfluss auf den Menschen.**

**Der Vulkan Stromboli schleudert geschmolzenes Gestein in die Luft**

Vulkane sind oft Berge, die von vielen Ausbrüchen über viele tausend Jahre hinweg gebildet wurden. Bevor ein Vulkan ausbricht, sammeln sich große Mengen Magma, also flüssiges heißes Gestein, in der Magmakammer unter dem Berg. Dann sucht sich das Magma irgendwann einen Weg nach oben durch den sogenannten Schlot. Zum Schluss fließt es als Lava heraus oder es bilden sich große Aschewolken über dem Vulkan.

**Manche Vulkane stoßen gigantische Aschewolken aus**

Vor allem aber sind Vulkane eine Geburtsstätte für Gesteine. Tief unter dem Berg, in der sogenannten Magmakammer, entstehen Gesteine mit besonders großen Kristallen. Du kannst Dir eine Magmakammer als riesigen und sehr heißen Ofen vorstellen, in dem sich das flüssige Magma sammelt. Wenn nun sehr viel Zeit vergeht, ohne dass es an die Erdoberfläche steigt, kann es passieren, dass der Ofen langsam abkühlt. Dann bilden sich aus dem flüssigen Magma feste Minerale, die sogenannte plutonische Gesteine bilden.

Die andere Möglichkeit ist, dass das Magma sich doch irgendwann einen Weg nach oben bahnt und aus der Erde heraustritt, als flüssiger Lavastrom oder in einer Explosion. In diesem Moment kommt die sehr heiße Lava mit der kühlen Luft oder mit Wasser an der Erdoberfläche in Berührung und kühlt dadurch ziemlich schnell ab. Dann geschieht das Gleiche wie in der Magmakammer: Feste Minerale bilden sich aus der flüssigen Lava und formen Gesteine.

## Magma und Lava

**Als Magma bezeichnet man heißes und zu großen Teilen flüssiges Gestein, das sich unter einem Vulkan sammelt. Dieses Magma kann aufsteigen und in einem Vulkanausbruch an die Oberfläche kommen. Sobald es aus dem Vulkan herauskommt, wird es Lava genannt.**

**Wenn sich die glühende, flüssige Lava abkühlt, entsteht festes Gestein**

**Diese berühmten Felsen der Seychellen-Inseln bestehen aus Granit**

Nur gibt es einen großen Unterschied zu den Gesteinen in der Magmakammer: Durch das viel schnellere Abkühlen der Lava an der Oberfläche sind die entstandenen Minerale winzig klein und kaum als solche wahrzunehmen. Deswegen sehen vulkanische Gesteine auch oft nur wie eine schwarze Masse aus, in der man mit bloßem Auge wenig erkennt.

### Basalt

**Basalt ist eines der häufigsten vulkanischen Gesteine. Es ist typischerweise schwarz und kann viele mit Luft gefüllte Hohlräume aufweisen. Diese Löcher entstehen während des Vulkanausbruchs dadurch, dass die in der Lava enthaltenen Gase an der Luft entweichen. Wenn flüssiger Basalt schnell abkühlt, bilden sich häufig regelmäßig begrenzte Basaltsäulen. Es gibt sogar ganze Inseln, die hauptsächlich aus Basalt bestehen. Das bekannteste Beispiel ist Island.**

### Granit

**Granit ist ein typisches plutonisches Gestein. Die einzelnen Minerale sind meistens gut erkennbar und heißen Quarz, Feldspat und Glimmer. Granite gibt es in verschiedenen Farben – von sehr hellen über rote bis hin zu eher gräulichen Gesteinen ist alles zu finden. Im Schwarzwald und im Bayerischen Wald gibt es eine Menge unterschiedlicher Granite, die in großen Steinbrüchen abgebaut werden. Weil Granit sehr hart ist, wird er gern zum Bauen benutzt.**

Sind dieser Wasserfall und die schwarzen Säulen aus Basalt im Südosten Islands nicht beeindruckend?

## Steine, die schwimmen können

**Ja, auch das gibt es, Bimssteine nämlich. Sie entstehen ebenfalls bei einem Vulkanausbruch. Diese Gesteine sind extrem leicht, da sie sehr viele luftgefüllte Blasen aufweisen. Deshalb schwimmen sie, wenn Du sie in Wasser wirfst. Die Blasen entstehen, so wie auch beim Basalt, während des Ausbruchs.**

Plutonische Gesteine brauchen Millionen von Jahren zum Entstehen tief in der Erde, vulkanische Gesteine dagegen bilden sich innerhalb von Stunden bis Wochen beim Abkühlen eines Lavastroms. Hier ein Beispiel: Gabbro ist ein plutonisches Gestein, Basalt ein vulkanisches Gestein. Beide entstehen aus dem gleichen Magma, haben aber verschieden große Minerale, weil sie unterschiedlich langsam abgekühlt wurden!

**Eine Insel entsteht**
**Bei einem Vulkanausbruch 1963 südlich von Island entstand kurzerhand eine neue Insel. Der Vulkan, der vorher unter Wasser war, spuckte so viel Lava, dass er die Wasseroberfläche durchbrach und die Basaltinsel Surtsey bildete.**

# Die Entstehung von Gebirgen

Gebirge findest Du über die ganze Welt verteilt. Da gibt es zum Beispiel große Gebirgszüge mit riesig hohen Bergen, etwa das Himalaya-Gebirge in Asien oder die Anden in Südamerika. Andere Gebirge sind nicht ganz so hoch, aber dennoch nicht weniger beeindruckend, zum Beispiel die Alpen. In vielen Ländern existieren noch kleinere Gebirge, deren Berge bis zu 1 000 Meter hoch sind. In Deutschland sind das zum Beispiel der Harz oder die Rhön. Der höchste Berg der Welt ist mit 8 848 Metern der Mount Everest im Himalaya.

Aber wie entstehen solche gigantischen Massen von Gestein? Du erinnerst Dich sicher noch, dass die Erdkruste aus Platten aufgebaut ist, die sich bewegen. Es passiert manchmal, dass zwei Platten zusammenstoßen.

**Das Himalaya-Gebirge ist ein Faltengebirge**

**Die Alpen haben sich als Gebirge über viele Millionen Jahre aufgetürmt, weil die europäische und die afrikanischen Platte sich aufeinander zu bewegten**

**Yaks im Himalaya-Gebirge**

Dabei kann sich eine Platte unter die andere schieben, oder zwei Platten drücken sich gegenseitig in die Höhe – allerdings sehr, sehr langsam. Wenn das geschieht, entsteht dadurch allmählich ein Gebirge. Sowohl bei den Alpen als auch beim Himalaya war das irgendwann vor vielen Millionen Jahren einmal der Fall.

Man nennt solche Gebirge Faltengebirge, weil sich die Gesteine unter dem mächtigen Druck verbiegen und falten. Du kannst das einmal ausprobieren, indem Du zwei Blätter Papier gegeneinander schiebst, sodass sie sich gegenseitig hochdrücken. Dann wirst Du feststellen, dass auch das Papier sich irgendwann faltet und trotzdem weiter in die Höhe wächst.

Wenn sich ein Gebirge auffaltet, ist das natürlich noch viel komplizierter, eher wie wenn Du zwei Stapel Blätter mit vielen unterschiedlich dicken und schweren Papiersorten in unterschiedlichen Farben gegeneinander schiebst. Faltengebirge bestehen aus ganz besonderen Gesteinen.

**Hier siehst Du, wie das Gestein dieses Bergs gefaltet wurde**

Geologen nennen sie metamorphe Gesteine. Wenn nämlich zwei Platten aufeinandertreffen, werden die Gesteine, aus denen die Platten bestehen, ziemlich stark gequetscht und verformt. Dazu kommt, dass es immer heißer wird, je mehr die Steine zusammengeschoben werden und aneinander reiben.

Durch all diesen Druck und die Hitze geschieht eine Verwandlung mit dem Gestein: Die Minerale darin verändern sich langsam in ihrer Form oder verwandeln sich in andere Minerale! Dann kann es passieren, dass ein vorher komplett graues Gestein zu einem Gestein mit roten und grünen Mineralen wird. Diesen Vorgang nennt man Metamorphose.

**Faltengebirge bestehen aus metamorphem Gestein**

## Gneis

**Gneis ist ein typisches metamorphes Gestein, das verschiedene Formen und Farben annehmen kann. Gneise können zum Beispiel aus Graniten entstehen, wenn diese bei der Gebirgsbildung sehr viel Druck und Hitze abbekommen. Dann sieht ein Gneis oft hell aus, mit dunklen Flecken und Bändern. Insgesamt sieht Gneis dem Granit gar nicht so unähnlich, aber die Minerale beim Gneis sind durch den Druck meistens zusammengepresst und bilden einzelne Bänder im Gestein. Wenn Du einen Gneis oder viele Gneise nebeneinander findest, weißt Du, dass dieser Teil des Gebirges einmal sehr viel Druck und Hitze erlebt hat.**

## Schiefer

**Schiefer sind metamorphe Gesteine, die nicht so viel Druck und Hitze bei der Entstehung abbekommen haben wie Gneise. Sie sind oft dunkelgrau oder schwarz. Du erkennst sie daran, dass sie oft aus einzelnen Platten bestehen, die zusammengepresst wurden. Diese Platten liegen relativ locker übereinander, oft kannst Du sie oft sogar mit der Hand auseinanderreißen. Schiefer wurde früher oft zum Dachdecken verwendet. Noch heute findest Du vor allem in ländlichen Regionen Hütten oder Häuser mit Schieferdach.**

Meistens siehst Du den Steinen im Gebirge auch an, dass sie zusammengedrückt wurden. Oft sind dann nämlich Falten oder schräg stehende Lagen zu bemerken. Spannend ist, dass man mithilfe dieser metamorphen Gesteine ungefähr sagen kann, wie heiß es war, als sie sich bildeten, und wie viel Druck geherrscht hat. Bei ganz wenig Druck und Hitze wandeln sich die Minerale nämlich anders um als mit viel Druck und viel Hitze. Mit diesem Wissen verstehen Geologen ungefähr, wie genau das Gebirge entstanden ist. Du darfst jetzt allerdings nicht denken, dass das alles innerhalb kürzester Zeit passiert. So ein Gebirge braucht sehr lange Zeit, um zu wachsen, und die Verwandlung in metamorphe Gesteine verläuft auch nur sehr langsam. Die Alpen zum Beispiel haben vor etwa 55 Millionen Jahren angefangen zu wachsen, als die afrikanische und die europäische Platte zusammengestoßen sind. Sie wachsen immer noch, mit etwa einem Millimeter pro Jahr! Anders als die Faltengebirge Alpen und Himalaya können Gebirge auch entstehen, wenn eine Krustenplatte unter die andere abtaucht. So etwas nennen Geologen eine Subduktionszone. Die Anden an der Westküste von Südamerika sind auf diese Weise gebildet worden. Durch das Aufschmelzen eines Teiles der abtauchenden Platte bilden sich im Erdinneren große Mengen an Magma, das aufsteigt und als Vulkan ausbrechen kann. Diese Vulkane bilden dann Gebirgsketten, die parallel zur Subduktionszone verlaufen. An manchen Stellen der Erde prallen die Krustenplatten weder aufeinander, noch taucht die eine unter die andere, sondern die Platten schieben sich aneinander vorbei. Ein Beispiel einer solchen Plattengrenze findest Du im Südwesten der USA, in Kalifornien. Weil die Platten aneinander reiben, kann es dort zu heftigen Erdbeben und damit auch zu Zerstörungen kommen.

Wo Platten der Erdkruste aufeinandertreffen, kann es zu erheblichen Zerstörungen kommen

Sand ist nichts anderes als zerriebenes Gestein

# Wie Sand am Meer

An einem Strand oder im Sandkasten hattest Du bestimmt schon oft Sand in der Hand, und Dir ist sicherlich aufgefallen, dass er aus ganz vielen kleinen, glänzenden Körnern besteht. Vielleicht hast Du als kleines Kind auch schon in Deinen „Sandkuchen" gebissen und festgestellt, dass er zwischen den Zähnen knirscht? Das hat einen einfachen Grund: Sand ist nämlich nichts anderes als fein geriebenes Gestein! Jedes einzelne Sandkorn ist für sich genommen also ein Stückchen eines ehemals großen Felsblocks.

**Wenn Du Sand unter einer starken Lupe betrachtest, erkennst Du, ...**

**... dass er aus winzigen Steinkörnchen besteht**

Dieser Fluss in Costa Rica, einem Land in Mittelamerika, ist durch Minerale im Boden hellblau gefärbt

Aber wie kommt es, dass diese Gesteine immer stärker zerbrechen und sich als kleine Körner an einem Strand sammeln? Das hat viel mit dem Wetter zu tun. Gesteine sind nämlich nicht so stark und unzerstörbar wie sie immer scheinen! In einem Gebirge zum Beispiel regnet es oft, und das Regenwasser wäscht ganz langsam Teile von den Steinen ab. Auch Frost führt dazu, dass Steine über lange Zeiträume hinweg zerkleinert werden. Diesen Prozess nennt man physikalische Verwitterung.

Hast Du schon mal eine mit Wasser gefüllte Glasflasche ins Gefrierfach gelegt? Hoffentlich nicht, denn die Flasche wird platzen, weil sich das Wasser beim Gefrieren ausdehnt. Das passiert auch mit Gesteinen, die Risse haben, in die Wasser hineinfließen kann. Und wenn dann in so einem großen Gebirge überall ständig die Gesteine angegriffen werden, entsteht eine ganze Menge kleiner Körner! Diese Körner werden mit dem Regenwasser in Flüsse gespült und weitertransportiert.

Bestimmt hast Du schon einmal gesehen, dass das Wasser in einem Bach oder Fluss nie ganz klar ist. Das kommt unter anderem von den vielen kleinen Gesteinskörnchen, die der Fluss in seinem ganzen Lauf vom Gebirge bis ins Meer mit sich trägt. Und wenn er dann irgendwo ins Meer fließt, lädt er seine Gesteinsfracht ab, und es entsteht ein Strand. Natürlich wandert nicht aller Sand ins Meer, einiges wird schon davor in Flüssen und Seen abgelagert.

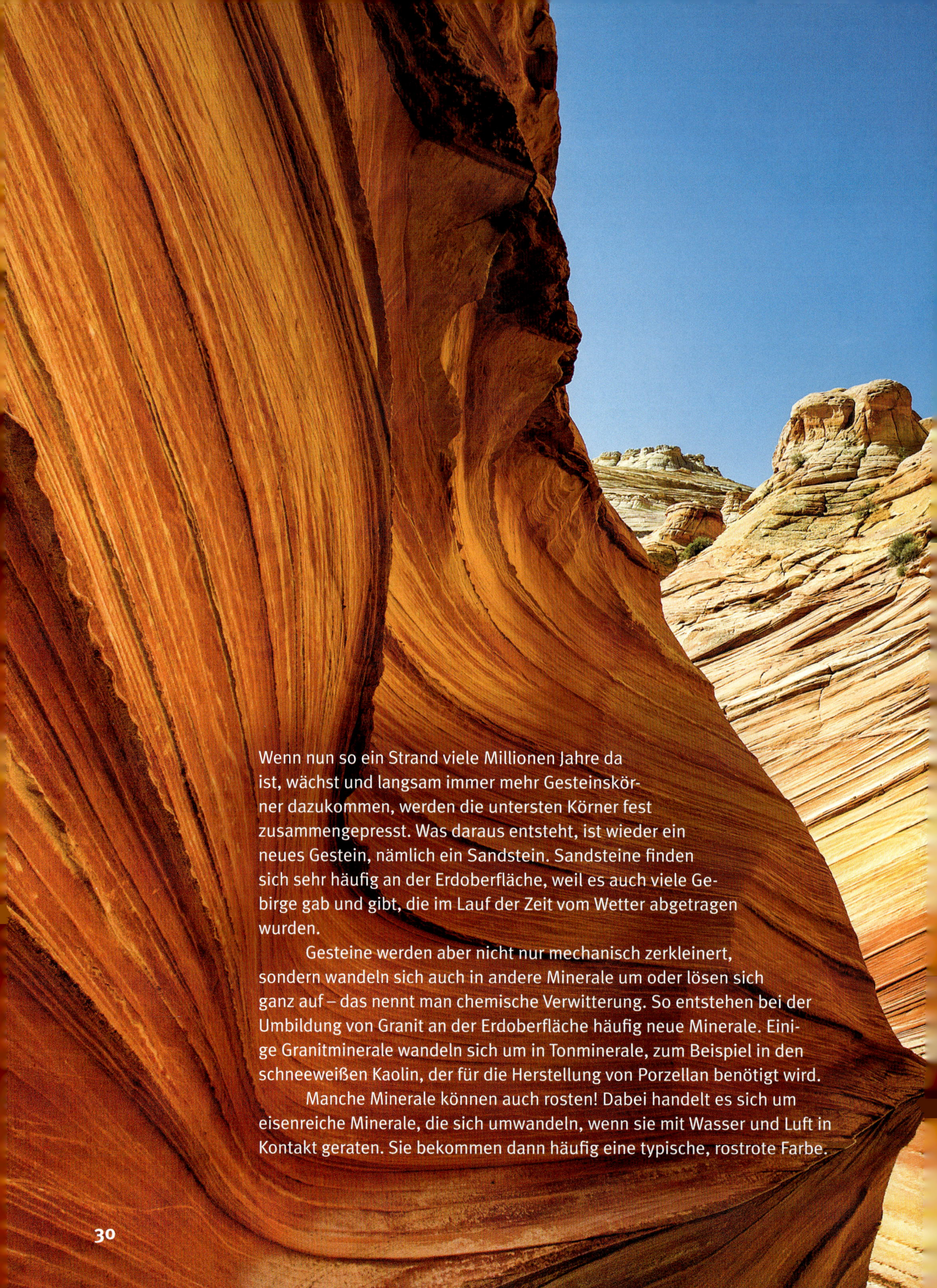

Wenn nun so ein Strand viele Millionen Jahre da ist, wächst und langsam immer mehr Gesteinskörner dazukommen, werden die untersten Körner fest zusammengepresst. Was daraus entsteht, ist wieder ein neues Gestein, nämlich ein Sandstein. Sandsteine finden sich sehr häufig an der Erdoberfläche, weil es auch viele Gebirge gab und gibt, die im Lauf der Zeit vom Wetter abgetragen wurden.

Gesteine werden aber nicht nur mechanisch zerkleinert, sondern wandeln sich auch in andere Minerale um oder lösen sich ganz auf – das nennt man chemische Verwitterung. So entstehen bei der Umbildung von Granit an der Erdoberfläche häufig neue Minerale. Einige Granitminerale wandeln sich um in Tonminerale, zum Beispiel in den schneeweißen Kaolin, der für die Herstellung von Porzellan benötigt wird.

Manche Minerale können auch rosten! Dabei handelt es sich um eisenreiche Minerale, die sich umwandeln, wenn sie mit Wasser und Luft in Kontakt geraten. Sie bekommen dann häufig eine typische, rostrote Farbe.

Diese herrliche Sandsteinformation in Arizona in den USA heißt wegen ihrer Form „The Wave“, also „Die Welle“

## Kalkstein

**Kalksteine sind wie Sandsteine ebenfalls eine sehr häufige Gesteinsart der Sedimente. Sie sind meistens weiß, grau oder beige. Kalkstein ist sehr wichtig für die Herstellung von Baustoffen, wie zum Beispiel Zement. Außerdem können Geowissenschaftler von Kalksteinen sehr viel über früheres Leben auf der Erde lernen.**

## Riffbauer

**Korallen, Schwämme und andere Lebewesen bauen ganze Riffe aus Kalk! Die meisten Arten benötigen dazu eine Wassertemperatur um die 25 °C, deshalb kommen solche Korallenriffe hauptsächlich in tropischen Regionen vor. Das größte bekannte Riff ist das Great Barrier Reef oder Große Barriereriff in Australien.**
**Heute weiß man aber auch, dass spezielle Korallenarten in kaltem Wasser Riffe bauen können. Solche Riffe wurden zum Beispiel in den norwegischen Fjorden gefunden.**

Sandsteine gehören zur großen Gesteinsgruppe der Sedimentgesteine. Neben Sandsteinen sind auch Tonsteine und alle Arten von Kalksteinen Sedimente, also Ablagerungen. Tonsteine haben meist viel kleinere Körner als Sandsteine, deshalb kann man diese Körner mit bloßem Auge nicht mehr erkennen. Kalksteine hingegen bilden sich anders: Meistens sind dafür kleine Meerestiere verantwortlich, die nahe der Küste im flachen Meerwasser in Kalkschalen leben oder ganze Kalkriffe aufbauen.

**Auch die Schalen von Muscheln und Schnecken sind aus Kalk aufgebaut**

Die Schalen von Muscheln und die Schneckenhäuser von Meeresschnecken bestehen ebenfalls aus Kalk. Wenn die Tiere sterben oder die Riffe zerstört werden, sinkt der Kalk auf den Meeresboden und wird dort langsam zugeschüttet. Dadurch wird das feine, weiße Material so lange zusammengedrückt, bis ein fester Kalkstein entsteht. In Kalksteinen findest Du oft Versteinerungen, weil manche toten Meeresbewohner in den Kalkschlamm auf dem Meeresboden sinken, dort schnell zugeschüttet werden und als Fossil erhalten bleiben. Wie bei der Entstehung vieler anderer Gesteine dauert auch dieser Prozess Tausende bis Millionen Jahre.

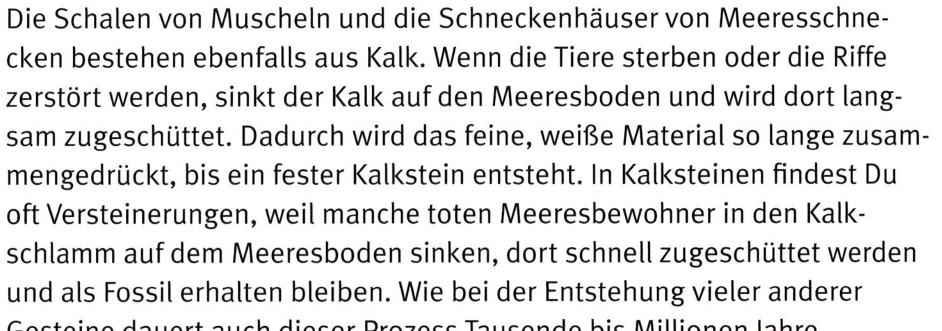

## Geschiebe

**Wenn Du schon einmal am Strand gewesen bist, vielleicht in Norddeutschland oder in Dänemark, wirst Du vielleicht bemerkt haben, dass auf dem Sand eine Menge Steine herumliegen. Meist sind sie recht klein, oft rund und glattgeschliffen. Diese Steine wurden in der letzten Eiszeit von den Gletschern aus Skandinavien in Nordeuropa mittransportiert und sammelten sich nach Abschmelzen des Eises an den Küsten der Nord- und Ostsee. Man nennt diese Gesteine Geschiebe.**

# Die drei Arten von Gesteinen

In den vorigen Kapiteln hast Du die drei Arten von Gesteinen kennengelernt: magmatische Gesteine (zum Beispiel Granit), metamorphe Gesteine (zum Beispiel Gneis) und Sedimentgesteine (zum Beispiel Sandstein). Die Entstehung dieser drei Gesteinsarten ist dabei über einen sehr langsamen Kreislauf verknüpft. Jede Gesteinsart kann dabei in eine andere Gesteinsart umgewandelt werden, wenn die Bedingungen es zulassen.

Erinnerst Du Dich an unser Beispiel für den Aufbau der Erde, den Pfirsich? Dem Anteil der Haut des Pfirsichs entspricht etwa die Dicke der Erdkruste der gesamten Erde. Die Erdkruste besteht zu rund zwei Dritteln aus magmatischen Gesteinen, zu etwas weniger als einem Drittel aus metamorphen Gesteinen, und den kleinen Rest machen Sedimentgesteine aus. Direkt an der Erdoberfläche findest Du aber hauptsächlich Sedimentgesteine, die als dünne Schicht die magmatischen und metamorphen Gesteine überdecken.

Es gibt fast 5 000 Minerale, aber der allergrößte Teil der Erdkruste bestehen aus weniger als zehn der häufigsten Minerale! Welche die fünf häufigsten sind, erfährst Du im Kasten unten.

**Dieser Pegmatit ist ein magmatisches Gestein**

## Merkwürdige Namen

**Minerale haben oft seltsame Namen. Die häufigsten Minerale der Erdkruste heißen Feldspat (dieses Mineral siehst Du auf dem Foto rechts), Quarz, Glimmer, Pyroxen und Amphibol. Bis auf Quarz sind das sogar jeweils ganze Gruppen von verwandten Mineralen, also Feldspate, Glimmer, Pyroxene und Amphibole.**

**Granulite gehören zu den metamorphen Gesteinen. Dieser geschliffene Granulit enthält dunkel pinkfarbene Korunde.**

**Bauxit zählt zu den Sedimentgesteinen. Er wird in großen Mengen als Rohstoff abgebaut, weil er viel Aluminium enthält.**

## Es gibt auch schwarzen Sand!

**Am Terranera-Strand auf der italienischen Insel Elba etwa besteht der Sand zu einem großen Teil aus schwarzen Hämatit-Kristallen. Auch an den Küsten von Teneriffa, Island und Hawaii gibt es schwarze Sande aus zerkleinertem Basalt, ebenso an vielen Stränden Mittelamerikas, etwa in Guatemala, wie auf diesem Bild. Erst bei genauem Hinsehen erkennst Du, dass der scheinbar schwarze Sand in Wirklichkeit aus Körnchen aller möglichen Farben besteht!**

Ein sehr bekanntes Mineral ist Quarz, der auch wunderschön rosafarben sein kann. Dann wird er Rosenquarz genannt.

Muskovit gehört zur Mineralgruppe der Glimmer. Er besteht aus dünnen Plättchen und ist recht durchsichtig. Früher wurde Muskovit sogar als Fensterscheibe verwendet!

# Sonderfall Metalle

Metalle, die in der Natur vorkommen, werden auch als Minerale bezeichnet. Diejenigen Metalle, die wir im Alltag verwenden, sind allerdings fast immer durch den Menschen industriell hergestellt worden. Eisen zum Beispiel wird für Nägel, Kochtöpfe oder Autofelgen verwendet, meist gemischt mit anderen Metallen – eine solche Mischung heißt Stahl.

Eisenhaltige Minerale erkennst Du an ihrer meist rostroten Farbe, die entsteht, wenn Gesteine mit Luft oder Wasser in Berührung kommen. Rost ist also kein eigenes Mineral, sondern ein Sammelbegriff für verschiedene Eisen-Minerale!

Wenn Metalle in der Natur rein als Mineral vorkommen, nennt man das gediegen, zum Beispiel gediegenes Kupfer. Das passiert immer dann, wenn dort keine oder sehr wenig Luft und Wasser vorhanden sind. Das kann in Magmakammern im Erdinneren, in bestimmten Sedimentgesteinen oder in Meteoriten der Fall sein. Viele Meteorite bestehen zum großen Teil aus Eisen! Mehr über Meteorite erfährst Du auf Seite 38.

Eine Besonderheit sind die Edelmetalle, zum Beispiel Gold und Silber. Besonders beliebt sind sie zur Herstellung von Schmuck, denn im Gegensatz beispielsweise zu Eisen reagieren sie nicht mit Luft und Wasser, sondern behalten ihr Aussehen und ihren Glanz auch über lange Zeiträume. Deshalb findet man Gold und Silber häufig gediegen in der Natur.

**In der Natur findet man gediegenes Silber häufig in Form in Form einer Silberlocke**

**Auch Gold kommt in der Natur oft gediegen vor**

## Ein Blick ins Innere der Erde

Hast Du Dich gefragt, woher die Forscher wissen, wie es in der Erde aussieht? Mit Bohrungen konnte man Gesteine aus gerade einmal 12 Kilometern Tiefe an die Oberfläche bringen. Aber die Geowissenschaftler haben Glück! Wenn die Krustenplatten zusammenstoßen, kann es passieren, dass sich Gesteine aus der Tiefe an die Oberfläche schieben. Und manche Vulkane bringen Magma an die Erdoberfläche, das tief aus dem Erdmantel stammt. Dieses Magma enthält manchmal Gesteinsbruchstücke, die uns viel über die Tiefe der Erde verraten!

Außerdem machen Geowissenschaftler Experimente, bei denen sie im Labor den hohen Druck und die hohe Temperatur im Erdinneren nachahmen. Zudem verwenden sie Computermodelle, um auszurechnen, wie es im Erdinneren aussieht, also ein bisschen so wie bei der Wettervorhersage!

### Uralt!

**Wissenschaftler können ziemlich genau berechnen, wie alt ein bestimmtes Gestein ist. Wie sie das machen? Stell Dir einmal vor, im Gebirge bricht ein Vulkan aus, Asche wird herausgeschleudert und regnet auf Sandsteine in der Nähe herab. Wenn jemand lange später diese über dem Sandstein liegende vulkanische Asche findet, weiß er sofort, dass die Asche auf dem Sandstein abgelagert wurde und damit relativ jünger sein muss als der Sandstein darunter. Das ist das sogenannte relative Alter. In einem Faltengebirge gilt diese Regel aber nicht! Dort schieben sich die Gesteine ja übereinander, und so liegen häufig ältere Gesteine über jüngeren. Will man das exakte Alter, also das sogenannte absolute Alter wissen, lässt sich dieses mithilfe radioaktiver Elemente im Gestein mit Labormessungen bestimmen. Damit kann man auch viele Millionen Jahre später noch recht genau ausrechnen, wann unser Vulkan ausgebrochen ist und die Ascheschicht auf dem Sandstein abgelagert wurde.**

# Gesteine aus dem Weltall

Gesteine gibt es nicht nur auf der Erde. Auch andere Planeten unseres Sonnensystems sind aus festem Gestein aufgebaut, zum Beispiel der Mars und die Venus. Unser Mond besteht ebenfalls aus Gestein. Und nicht nur in unserem Sonnensystem, im ganzen Weltraum fliegen Gesteine durch die Gegend, die viele Milliarden Jahre alt sind. Wir bekommen davon immer dann etwas mit, wenn ein solcher Gesteinsbrocken auf die Erde fällt. Sobald er das tut, nennen wir einen solchen Stein Meteorit.

Meteorite fallen täglich auf die Erde Die meisten sind jedoch so klein, dass sie verglühen und Du sie nachts als Sternschnuppen sehen kannst. Größere Meteoriteneinschläge sind seltener, deshalb fast nie zu beobachten und sehr schwer zu finden.

Meteorite sind hochinteressante Gesteine, weil sie uns vieles über andere Himmelskörper und die Entstehung unseres Sonnensystems verraten. Messungen an Meteoriten verdanken wir zum Beispiel das Wissen über das Alter und den Aufbau unserer Erde. So können wir heute sagen, dass unser blauer Heimatplanet ungefähr viereinhalb Milliarden Jahre alt ist.

**Ein sternenklarer Himmel, betrachtet von einem berühmten Felsbogen aus, der in einem Nationalpark in den USA steht. Überall im Weltraum findet sich auch Gestein.**

## Riesig!

Manche Meteorite können ziemlich groß sein und riesige Krater auf der Erdoberfläche hinterlassen. Mit etwa 300 Kilometern Durchmesser ist der Vredefort-Krater in Südafrika der größte bekannte Meteoritenkrater der Welt. Geowissenschaftler haben ausgerechnet, dass der eingeschlagene Meteorit mehrere Kilometer groß gewesen sein muss! Ein ähnlich großer Einschlag eines Himmelkörpers im heutigen Mexiko war wahrscheinlich der Grund für das Aussterben der Dinosaurier vor etwa 65 Millionen Jahren. Auch in Deutschland sind schon große Meteoriten eingeschlagen. Vor etwa 15 Millionen Jahren traf ein knapp ein Kilometer großer Meteorit auf Süddeutschland. Noch heute kann man die kreisförmige Struktur mit etwa 20 Kilometern Durchmesser in der Landschaft erkennen (Nördlinger Ries). Auch weitere große Meteor-Krater gibt es auf der Welt, zum Beispiel den Wolf-Creek-Meteor-Krater in Australien, den Du hier siehst.

## Boten aus dem All

Meteorite sind Bruchstücke anderer Himmelskörper, die durch das All fliegen und manchmal durch Zufall auf die Erde fallen. Sie können aus verschiedenen Teilen des betreffenden Himmelskörpers kommen, aus dessen Kern oder dessen Kruste zum Beispiel. Je nachdem sehen die Meteorite verschieden aus, sind verschieden aufgebaut und erzählen unterschiedliche Geschichten. Meteoriten haben wir es zu verdanken, dass wir heute so viel über die Entstehung unseres Sonnensystems und unseres eigenen Planeten wissen.

# Die Nutzung von Gesteinen

Minerale und Gesteine werden für viele, viele verschiedene Zwecke verwendet und genutzt! Hauptsächlich dienen sie als Energierohstoffe, als Baumaterial, als Industrieminerale und natürlich als Schmuck- und Edelsteine, aber auch als Zusatzstoff in Nahrungsmitteln.

**Hier wird Erdöl nach oben gefördert. In der Tiefe ist es zwischen Gesteinsschichten zu finden.**

## Minerale und Gesteine als Energierohstoffe und Speichergesteine

Erdöl und Erdgas sind natürlich keine Gesteine, aber sie bilden sich im Erdinneren und können sich nur unter bestimmten Bedingungen ansammeln. Dazu braucht es Gesteine, die Hohlräume enthalten, und darüber liegende Gesteinsschichten, die verhindern, dass Öl und Gas wieder entweichen. Heutzutage können Erdöl und Erdgas aber auch direkt aus sogenannten Schiefertonen gewonnen werden.

**Torbernit ist ein radioaktives Uran-Mineral**

Kohle ist ein Gestein aus abgestorbenem pflanzlichen Material. Es entsteht durch höhere Temperaturen und großen Druck in der Tiefe aus Torf und Pflanzenresten.

Für den Betrieb von Atomkraftwerken benötigt man das Element Uran, das in bestimmten Mineralen enthalten ist. Diese Minerale werden abgebaut und so verarbeitet, dass man das Uran abtrennen und verwenden kann.

## Minerale und Gesteine als Baumaterial

Sehr wichtig sind Gesteine im Straßenbau! Sowohl für Asphalt, aus dem die meisten Straßen in Deutschland bestehen, als auch für Schotter- und Kieswege werden Gesteine benötigt. Für den Bau von Asphaltstraßen wird Kies mit Bitumen (verarbeitetes Erdöl) vermischt, für Schotterwege wird Kies einfach aufgeschüttet.

Gesteine werden aufgrund ihrer unterschiedlichen Zusammensetzung und Eigenschaften an verschiedenen Stellen als Baumaterial eingesetzt. Ab Seite 18 hast Du die plutonischen Gesteine kennengelernt, die sich langsam in der Tiefe aus Magma bilden. Sie eignen sich besonders gut für Gebäude, Brücken, Treppen, Pflastersteine, aber auch für Grabsteine oder Skulpturen, da sie sehr stabil sind und außerdem gut bearbeitet werden können. Vulkanische Gesteine haben kleinere Kristalle, sind oft weniger stabil und werden häufig nicht am Stück, sondern als sogenannte gebrochene Natursteine abgebaut. Deshalb benutzt man sie gerne als Schotter und Split, aber auch als Schleif- und Poliermittel oder als Zusatzstoff für Zement.

Aber auch Sedimentgesteine werden gerne als Baustoffe verwendet. Häufig findet man hier Sandsteine und Kalksteine, die in großen Blöcken in Steinbrüchen abgebaut werden.

**Aus riesigen Steinblöcken errichteten Menschen vor mehreren tausend Jahren in England dieses Bauwerk, das Stonehenge genannt wird**

**Hier wird Kalkstein im Tagebau abgebaut. Kalkstein braucht man zum Beispiel in der Bau-Industrie.**

**Die abwechselnde Benutzung von Marmor und Gneis verleiht der Kirche San Giovianni Battista in der Schweiz ihre besondere Wirkung**

Oft werden Gesteine und Minerale zu industriellen Bauteilen oder Gebrauchsgegenständen weiterverarbeitet. Ein Beispiel: Sand wird bei hohen Temperaturen aufgeschmolzen, bis er rot glüht, dann kann man diese Schmelze schnell abkühlen lassen. Je nach gewünschter Form lässt sich die Schmelze in Form gießen oder glasblasen – fertig sind Fenstergläser, Glasplatten, Trinkgläser, gläserne Schalen und vieles mehr!

### Jede Menge Kies

**Allein im Jahr 2014 wurden in Deutschland 160 Millionen Tonnen Kiese und Sande produziert! Deutschland ist also kein rohstoffarmes Land, es gibt nur relativ wenig leicht abzubauende Metalle und Energierohstoffe.**

**Sandplätze im Tennis bestehen meist aus fein zerkleinerten Ziegelsteinen**

**Um Glas herzustellen, wird Sand bei hohen Temperaturen geschmolzen**

Geschirr dagegen wird etwas anders hergestellt, dafür benutzt man zum Beispiel Kaolin, den Du schon kennengelernt hast, oder andere sogenannte Tonminerale. Diese werden mit Wasser gemischt, sodass ein Brei entsteht. Daraus werden dann zum Beispiel Teller oder Tassen geformt und dann für mehrere Stunden in einen riesigen, sehr heißen Ofen gelegt. Dabei verdampft das Wasser, und es entsteht eine Keramik. Man sagt deshalb, die Keramik wird gebrannt. Gerne verwendet man Gesteine auch als Bodenplatten oder Fliesen. Die meisten Gesteine sind sehr stabil und unempfindlich gegen Schmutz und Hitze. Außerdem sind solche Platten oft ein echter Hingucker!

In vielen Küchen sind Gesteine heutzutage nicht nur am Boden als Fliesen verlegt, sondern werden auch als Arbeitsplatten eingebaut. Für diesen Zweck nimmt man natürlich besonders schöne Gesteine wie Granit, die dann glatt poliert werden und schön glänzen.

Mit Bohrern und Schleifköpfen, die mit Diamant beschichtet sind, lassen sich selbst sehr harte Materialien bearbeiten

Für die Linsen optischer Geräte wie Kameras werden meist künstliche Kristalle oder Gläser benutzt

## Minerale und Gesteine als Industrieminerale

Manche Gesteine enthalten große Mengen bestimmter Metalle, wie Eisen, Kupfer, Gold und Aluminium, die dann als Erze bezeichnet werden. Metalle wurden schon seit Tausenden von Jahren von Menschen gewonnen und genutzt, etwa in der Bronze- und der Eisenzeit. Doch auch heute noch bestehen viele Gegenstände ganz oder teilweise aus Eisen, zum Beispiel Werkzeuge, Autos oder Stahlträger in Gebäuden.

Neuere Hightech-Produkte, zum Beispiel Smartphones und Computerbauteile, aber auch Batterien, Akkus und sehr starke Magnete, die in Windräder eingebaut werden, benötigen dagegen andere, seltene Metalle. Um all diese Metalle aus den Gesteinen herauszubekommen, muss das Erz aber zuerst in Bergwerken gewonnen, dann zerkleinert und meist auch noch chemisch bearbeitet werden.

Kristalle benötigt man außerdem für optische Linsen und Laser. Hierfür werden meistens (aber nicht immer!) keine natürlichen Kristalle benutzt, sondern man stellt diese künstlich im Labor her. Diesen Vorgang nennt man Kristallzüchtung. Man macht das dann, wenn man Kristalle braucht, die größer sind als die, die man in der Natur findet, und wenn die Kristalle eine besonders reine Zusammensetzung haben müssen.

Bei Diamanten denkst Du vielleicht zuerst an Schmucksteine. Eine sehr wichtige industrielle Anwendung haben Diamanten aber als Schleifmittel. Diamant ist nämlich das härteste Mineral der Welt! Für preiswertere Schleifmittel kommen häufig auch etwas weichere Minerale wie Korund, Granat und Quarz zum Einsatz.

Einige der hier genannten Minerale sind nicht nur besonders hart, sondern auch sehr schön anzuschauen. Einige besonders beeindruckende Beispiele zeigen wir Dir im nächsten Kapitel.

Eisen war im Mittelalter für Rüstungen und Waffen sehr wichtig

So eine Sammlung polierter Minerale ist schon für wenig Geld zu bekommen

# Minerale als Schmucksteine

Als Schmucksteine werden häufig besondere Varianten bestimmter Minerale verwendet, sogenannte Varietäten. Diese haben meist besondere Farben und Formen, sind aber eigentlich von der chemischen Zusammensetzung und der Kristallstruktur gleich!

Wenn ein Mineral eine schöne Farbe oder ein besonderes Muster hat, kann es geschliffen und poliert werden, sodass die Schönheit noch besser zu sehen ist. Ein so herausgeputztes Mineral wird dann als Schmuckstein bezeichnet und oft in annähernd rundlicher Form für Ketten, Armbänder oder einfach zur Zierde verwendet.

Manche Minerale haben einfach immer eine schöne Farbe und eignen sich deshalb gut als Schmucksteine, zum Beispiel der grüne Malachit, der blaue Sodalith oder der oft mehrfarbige Turmalin.

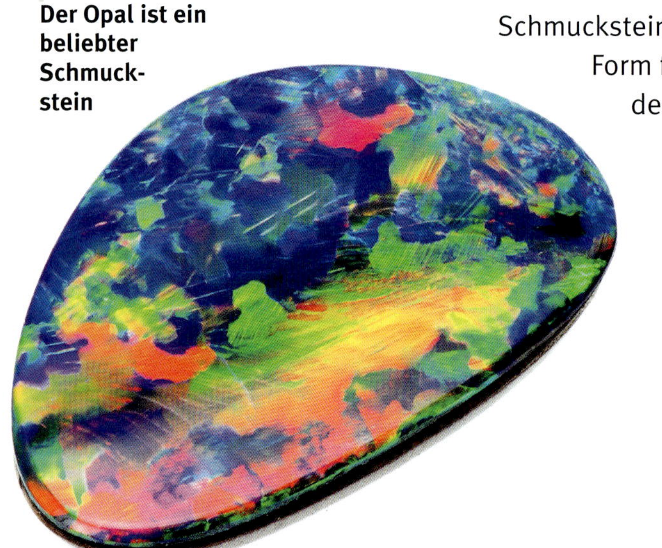

Der Opal ist ein beliebter Schmuckstein

Solche Amethystkristalle sind bei Sammlern sehr beliebt

Blauer Turmalin
Brasilien

Roter Turmalin
Madagaskar

Grüner Turmalin
Brasilien

## Knallbunt!

**Minerale können sehr bunt sein! Geschliffener Turmalin ist ein beliebter Edelstein, er kann verschiedenste Farben haben, weil er unterschiedlichste chemische Elemente einbauen kann.**

Andere Minerale sind normalerweise eher langweilig anzuschauen, können aber durch Besonderheiten in ihrem Kristallgitter schön aussehen und daher als Schmucksteine verwendet werden. Das beste Beispiel dafür ist das Mineral Quarz, eines der häufigsten Minerale an der Erdoberfläche. Quarz sieht normalerweise weißgrau und durchsichtig aus, ist also nichts Besonderes. Wenn allerdings beim Wachstum des Quarzes ein spezielles Kristallgitter entsteht, kann aus dem sonst unscheinbaren Mineral ein Schmuckstein werden. Zum Beispiel können andere Atomsorten in das Gitter eingebaut werden oder kleine Stücke von anderen Mineralen. Das Gitter kann auch durch Strahlung teilweise zerstört werden, oder die Quarzkristalle können ganz winzig klein bleiben und zu einem Großen zusammenwachsen.

**Von außen nur ein gewöhnlicher Stein. Nachdem er aufgesägt worden war, kamen die herrlichen Amethystkristalle zum Vorschein.**

## Schärfer als scharf!

**Das natürlich vorkommende Glas Obsidian entsteht, wenn Lava rasch abkühlt. Werden Obsidianbrocken angeschlagen, entstehen sehr scharfkantige Scherben. Die Menschen in der Steinzeit und auch nordamerikanische Indianer nutzten sie, um daraus Messer, Speerspitzen und andere Werkzeuge herzustellen. Mittelamerikanische Völker wie die Azteken machten sogar Schwerter daraus. Die Römer setzten das polierte Gesteinsglas als Spiegel ein. Noch heute wird Obsidian neben Laserinstrumenten verwendet, um extrem feine und unglaublich scharfe Instrumente für Augenoperationen zu erhalten, die kaum Narben hinterlassen.**

**Ein unbearbeitetes Stück Obsidian**

**Aus Obsidian stellten viele Völker Waffen her**

Viele bekannte Schmucksteine sind also eigentlich einfach nur Quarz, sehen aber ganz anders und viel schöner aus: Amethyst, Rosenquarz, Jaspis, Achat, Tigerauge, Chalcedon und Karneol haben alle unterschiedliche Änderungen in ihrem Kristallgitter hinter sich und zeigen daher schöne Farben oder Muster. Vielleicht findest Du ja auf dem nächsten Weihnachtsmarkt einen Stand mit einigen dieser Schmucksteine?

Bestimmt hast Du auch schon einmal von Edelsteinen gehört. Edelsteine sind auch Schmucksteine, die aber noch viel besonderer sind. Ein Mineral wird Edelstein genannt, wenn es drei Anforderungen erfüllt: Es muss selten sein, sehr hart und durchsichtig. Besonders schön gefärbt sind sie natürlich auch.

**Ein geschliffener Rubin und Brillanten, also geschliffene Diamenten, zieren diesen Ring**

### Ein Stein, der keiner ist

**Bernstein ist kein Gestein und streng genommen auch kein Mineral! Es handelt sich dabei um fossiles Harz von Bäumen, das wegen seiner honiggelben, fast goldenen Färbung schon seit langer Zeit gerne als Schmuckstein verwendet wird.**
**Manchmal hat das Harz, als es noch flüssig war, kleine Tiere überflossen, die sich nicht aus der klebrigen Masse retten konnten. Diese Tiere sind dann zusammen mit dem Bernstein zu Fossilien geworden, Du findest sie noch heute darin!**

**Spinne in Bernstein**

Beispiele für Edelsteine sind Rubin, Saphir, Smaragd, Topas und Diamant. Rubin und Saphir sind eigentlich beide das gleiche Mineral namens Korund. Beide haben aber Atomsorten eingebaut, die normalerweise nicht im Korund enthalten sind. Rubin zum Beispiel hat Chrom in seinem Kristallgitter und ist deswegen rot. Saphir ist oft blau, weil Eisen und Titan sich eingeschlichen haben. Da das nicht oft passiert, sind Rubin und Saphir, genau wie der grüne Smaragd und der gelbliche Topas, so selten.

**Der Edelstein Smaragd wird gerne für Schmuckstücke verwendet. Er ist ein seltenes Mineral und daher teuer.**

### Keine Medikamente!

**Manche Menschen glauben, dass bestimmte Minerale und Gesteine als „Heilsteine" gegen Beschwerden und Krankheiten helfen. Wissenschaftler haben das untersucht, aber niemals Hinweise auf eine Heilwirkung gefunden. Natürlich spricht nichts dagegen, sich Minerale auf den Nachttisch zu stellen und sich an der Schönheit zu erfreuen!**

Genau das macht Edelsteine auch besonders wertvoll und sehr teuer. Große Diamanten kosten sogar viele Millionen Euro.

Der Diamant ist das härteste bekannte Mineral und auch einer der wertvollsten Edelsteine. Nicht so schöne natürliche Diamanten oder auch künstlich hergestellte kleine Diamanten werden als Schleifmittel benutzt. Heute könnte man auch perfekte und große Diamanten künstlich produzieren, doch das ist sehr aufwendig und kostet viel Geld!

**Brillanten zählen zu den begehrtesten Schmucksteinen**

Große natürliche Diamanten, die farblos sind oder eine besonders intensive Farbe aufweisen, sind allerdings selten und damit sehr teuer! Der Preis eines Diamanten hängt von vier Eigenschaften ab: dem Schliff – ein geschliffener Diamant heißt Brillant –, der Farbe, der Reinheit und dem Gewicht, das in Karat angegeben wird, also in Schritten von 0,2 Gramm.

Ein günstiger Ersatz für Diamanten ist der künstlich hergestellte Schmuckstein Zirkonia, ($ZrO_2$), der geschliffen dem Diamanten sehr ähnlich sieht, aber nur ein Tausendstel so teuer ist.

**Eine Diamantmine in Namibia in Afrika**

**Vorsicht!**

Es gibt auch Minerale, die die Gesundheit gefährden! Manche Minerale geben radioaktive Strahlung ab, andere enthalten giftige Elemente. Diese Minerale kommen aber sehr selten vor.

Ein anderes Thema, von dem Du vielleicht schon einmal etwas gehört hast, ist Asbest. Asbest ist ein Überbegriff für verarbeitete Mineralfasern, die früher häufig verwendet wurden, um damit Dächer und Wände zu isolieren, damit es schön warm blieb. Leider hat Asbeststaub die Eigenschaft, sich in der Lunge festzusetzen, und kann dadurch Lungenkrebs auslösen. Heutzutage darf Asbest deshalb nicht mehr verwendet werden.

Früher wurde Asbest beispielsweise für den Bau von Dächern verwendet. Heute wissen wir, dass dieses mineralische Material krebserregend ist.

# Minerale in Nahrungsmitteln

Minerale findest Du auch in Lebensmitteln! Ganz normales Kochsalz zum Beispiel: Der Mineralname für Kochsalz ist Halit. Dieses Mineral ist ein lebenswichtiger Bestandteil unserer Nahrung. Es steckt zum Beispiel in Mineralwasser. Natürlich schwimmen in Mineralwasser keine kleinen Kristalle, denn Salze lösen sich in Wasser auf. Wenn Mineralwasser viel gelöstes Kochsalz enthält, schmeckt es auch leicht salzig. Neben Kochsalz enthält Mineralwasser noch andere gelöste Mineralstoffe. Zusatzstoffe aus Mineralen werden Lebensmitteln aus verschiedenen Gründen zugemischt. Auf Lebensmittelverpackungen sind aber nicht die Mineralnamen, sondern Abkürzungen zu lesen. Auf Seite 53 findest Du eine Liste mit den Nummern der wichtigsten Minerale. Die Bezeichnungen sind europaweit einheitlich gültig, dafür steht das „E" vor jeder Bezeichnung. Schau Dir doch mal die Liste mit den Inhaltsstoffen auf verschiedenen Lebensmitteln an. Du wirst überrascht sein, wo Du überall Minerale als Inhaltsstoffe entdeckst!

**In Mineralwasser sind gelöste Mineralstoffe enthalten**

E 501

E 170

E 153

Manche Minerale wie Salz sind wie gesagt lebensnotwendig, aber Minerale erfüllen in Lebensmitteln auch noch andere Zwecke. Die zwei Minerale Rutil und Anatas zum Beispiel sind in ihrer reinen Form schneeweiß, weswegen sie häufig zum Färben von Lebensmitteln eingesetzt werden. Als Lebensmittelzusatzstoff werden sie als Titandioxid bezeichnet und finden sich auf der Verpackung als Abkürzung E171. Aber auch für andere Anwendungen erweisen sie sich als wertvolle Minerale – Du wirst überrascht sein, wo sie sonst noch enthalten sind! Wegen ihrer schneeweißen Farbe werden sie Zahnpasta, Wandfarbe und hellem Papier als feines Pulver zugegeben. Außerdem schützt Anatas, als Bestandteil von Sonnencremes „Pigment CI 77891" genannt, die Haut vor

**Hättest Du gedacht, dass auch Zahnpasta Minerale enthält?**

schädlicher UV-Strahlung. Rutil und Anatas sind also echte Alleskönner!

Selbst Silber und Gold können Zusatzstoffe in Lebensmitteln sein. Früher wurde Blattgold verwendet, um Likör eine schöne, goldgelbe Farbe zu geben, und auch heute werden manche Lebensmittel, zum Beispiel Pralinen, mit Blattgold gefärbt.

Außerdem werden Minerale auch als Backtriebmittel, als Füllstoff, Säureregulator, Trägerstoff und Trennmittel eingesetzt. Am häufigsten sind dabei unterschiedliche Karbonate, Quarz und Silikate.

**Dieses luxuriöse, sehr teure Naschwerk ist mit Blattgold verziert**

### Minerale, die in Lebensmitteln enthalten sind

| Backtriebmittel | Kaliumkarbonat E 501 | | | | | | |
|---|---|---|---|---|---|---|---|
| Füllstoffe | Siliciumdioxid E 551 | | | | | | |
| Säureregulator | Calciumcarbonat E 170 | Magnesiumcarbonate E 504 | | | | | |
| Trägerstoffe | Magnesiumcarbonate E 504 | Siliciumdioxid E 551 | Calciumsilikat E 552 | Aluminiumsilikat E559 | | | |
| Trennmittel | Calciumcarbonat E 170 | Magnesiumcarbonate E 504 | Siliciumdioxid E 551 | Calciumsilikat E 552 | | | |
| Farbstoffe | Pflanzenkohle E 153 | Calciumcarbonat E 170 | Titandioxid E 171 | Eisenoxide E 172 | Aluminium E 173 | Silber E 174 | Gold E 175 |

**Wie kommt das Salz ins Meer?**
**In der Erdkruste war und ist immer noch Salz enthalten. Durch Verwitterung, also beispielsweise wenn Regen das Salz auflöste, ist über lange Zeit immer mehr davon ins Meer gelangt. Meerwasser enthält etwa 3,5 Prozent gelöstes Kochsalz. Noch höhere Salzgehalte bis 30 Prozent hat das Tote Meer, ein See ohne Abfluss im Grenzgebiet von Jordanien und Israel. Dadurch ist seine Dichte so hoch, dass ein Mensch bequem an der Oberfläche treiben und Zeitung lesen kann, ohne unterzugehen.**

**Unter der Wasseroberfläche des Toten Meeres siehst Du hier weißes Salz**

**Es macht viel Spaß, sich mit Mineralen zu beschäftigen und eine Sammlung anzulegen!**

# Anlegen einer Sammlung

Nun hast Du so viel über Minerale gehört, dass Du sicher von ihnen begeistert bist, oder? Damit Du einige Minerale immer betrachten und Dich an ihnen erfreuen kannst, ist es eine schöne Sache, wenn Du Dir eine Sammlung anlegst. Aktuell sind etwa 5 200 Minerale bekannt! Eine vollständige Sammlung aufzubauen, wäre also sehr zeitraubend und würde viel Geld kosten.

Die meisten Minerale eignen sich aber ohnehin nicht zum Sammeln, weil sie oft nur als kleine Kristalle vorkommen, sehr selten sind und dazu noch langweilig aussehen.

**In manchen Steinbrüchen dürfen auch Anfänger nach spannenden Mineralen oder Fossilien suchen, also versteinerten Überresten von Tieren und Pflanzen**

**Minerale sind in zehn Mineralklassen eingeteilt, je nach ihrer chemischen Zusammensetzung und Kristallstruktur, die aber nur mit speziellen Methoden herauszufinden sind:**

**Elemente**
**Sulfide und Sulfosalze**
**Halogenide**
**Oxide**
**Borate**
**Karbonate und Nitrate**
**Sulfate**
**Phosphate, Arsenate und Vanadate**
**Silikate**
**Organische Verbindungen**

Tatsächlich sind die allermeisten Minerale extrem selten, dafür besteht die ganze Erde zu über 90 Prozent vor allem aus Silikaten. Aus solchen Mineralen kannst Du Deine ersten Stücke für die eigene Sammlung gewinnen.
Im Museum werden oft Minerale und Gesteine mit großen Kristallen mit besonders schönen Farben und Formen ausgestellt. Beliebt sind auch Minerale, die im UV-Licht leuchten, oder Gesteine, die Fossilien enthalten, also versteinerte Schalenreste von Tieren, oft Muscheln oder Ammoniten.

Für Deine erste kleine Sammlung kannst Du Minerale etwa nach Farbe oder Form (der Geowissenschaftler sagt dazu: Habitus) aussuchen. Die Karbonate Azurit (kräftig blau) und Malachit (satt grün) treten als massige Stücke auf. Ein Bergkristall (Quarz) ist durchsichtig und zeigt eine

**Oft werden sehr schöne Halbedelsteine zu Taschengeldpreisen angeboten**

schöne Kristallform, Muskovit (durchsichtig) und Biotit (schwarz) sind blättrig und gehören zu den sogenannten Glimmern. Granate sind häufig blutrot und fast kugelförmig, Pyrit goldgelb und würfelförmig. Olivin ist grün und körnig, Pyroxen und Amphibol schwarz und stängelig. Und schließlich: Feldspat, meist weiß oder fleischfarben in tafeliger Form, macht alleine etwa 60 Prozent der Gesteine der Erdkruste aus!

Neben Farbe und Habitus gibt es weitere Merkmale, um Minerale zu klassifizieren, also einzuteilen, beispielsweise Härte, Glanz der Kristallflächen, Strichfarbe und Spaltbarkeit. Weitere am Handstück (siehe Seite 7) relativ leicht zu bestimmende Merkmale sind Dichte und Magnetismus.

Um schöne Minerale oder Gesteine in der Natur zu finden, musst Du genau wissen, wo Du am besten suchen solltest. An Orten, wo bekanntermaßen besonders schöne Minerale entdecken kann, ist leider häufig von Mineraliensammlern bereits alles mitgenommen worden. Auf Mineralienbörsen dagegen kannst Du Dir recht preiswert eine kleine Sammlung zusammenstellen. Alle oben genannten Minerale sind häufig, aber auch hier gilt: Je größer und schöner, desto teurer. Viel Spaß beim Anlegen Deiner Sammlung!

**Herrlich golden schimmert Pyrit, der auch in Deiner Sammlung nicht fehlen sollte**

## Kein Ende in Sicht

**Ständig werden neue Minerale entdeckt! Wenn jemand denkt, ein neues, bislang unbekanntes Mineral gefunden zu haben, wird das von der „Kommission für neue Minerale, Nomenklatur und Klassifizierung“ beim Internationalen Mineralogischen Verband überprüft. Erst dann kann der Fund in die offizielle Liste der anerkannten Minerale aufgenommen werden.**

# Kristalle selber züchten

Kristalle kommen nicht nur in der Natur vor, sondern können auch vom Menschen künstlich hergestellt werden. Man sagt, ein Kristall wird „gezüchtet“. Künstliche Kristalle werden häufig in der Industrie verwendet, für Computer oder Laser zum Beispiel. Aber einen Kristall zu züchten, ist gar nicht so schwer. Das kannst Du sogar mit einfachen Mitteln zu Hause ausprobieren!

Um zum Beispiel bunte Zuckerkristalle zu züchten, brauchst Du nur Wasser, Zucker, einen Schaschlikspieß aus Holz, Marmeladengläser, einen Topf, Wäscheklammern und Deine Lieblingsfarben als Lebensmittelfarbe. Als Erstes machst Du den Schaschlikspieß etwas nass und wälzt ihn in Zucker, sodass nur ein kleines Stück oben frei bleibt. Dieser Zuckerspieß muss dann gut trocknen. Das Glas, in dem am Ende die Kristalle gezüchtet werden sollen, muss so groß sein, dass der Zuckerspieß vollständig reinpasst. Fülle dieses Glas randvoll mit Zucker und gieße ihn dann in einen großen Topf. Das machst Du genau drei Mal, sodass am Ende drei volle Gläser Zucker im Topf sind. Anschließend kommt noch ein volles Glas Wasser dazu. Diese Mischung aus Zucker und Wasser muss dann

gekocht werden. Du wirst sehen, dass sich der Zucker auflöst und somit unsichtbar wird. Das Kristallgitter der Zuckerkristalle mag nämlich nicht zu heiß werden, dann kann es nicht mehr zusammenhalten. Wird das Wasser mit dem Zucker darin gekocht, werden die Bindungen im Zucker also zerstört, und die Bestandteile verteilen sich im Wasser. Man sagt, der Zucker geht in Lösung. In der Zwischenzeit kannst Du schon mal Lebensmittelfarbe in drei Gläser tropfen. Wenn die Zucker-Wasser-Mischung klar geworden ist und nicht mehr kocht, muss sie in die Gläser gegossen werden. Das machst Du am besten ganz langsam, damit sich die Lebensmittelfarbe gut verteilt und die Gläser nicht springen. In das nun farbige Zuckerwasser hängst Du jetzt den Spieß mit den Zuckerkristallen. Klemme dafür das freie Ende mit einer oder zwei Wäscheklammern ein. Dann „schwebt" der Spieß im Wasser. Das ist deswegen gut, weil dann die Zuckerkristalle gleichmäßig um den Spieß wachsen. Den Spieß hast Du vorab deshalb in Zuckerkristallen gewälzt, weil Kristalle viel leichter anfangen zu wachsen, wenn sie eine bekannte Fläche finden, an die sie anwachsen können. Stelle die Gläser nun an einen ruhigen Ort und bewege sie nicht mehr. Wenn das Wasser mit dem aufgelösten Zucker abkühlt, wirst Du sehen, dass an den Zuckerkristallen am Spieß mehr und mehr farbige Zuckerkristalle wachsen. Wenn das Wasser nämlich kühler wird, wollen die einzelnen Bauteile des Zuckers, die im Wasser herumschwimmen, doch lieber wieder mit ihren Kameraden Kristallgitter bauen.

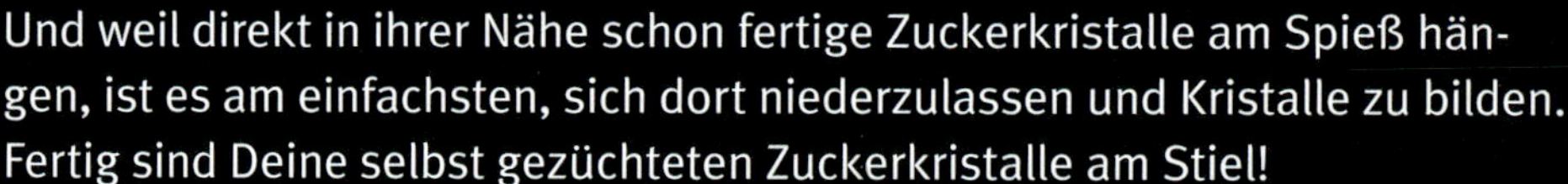

Und weil direkt in ihrer Nähe schon fertige Zuckerkristalle am Spieß hängen, ist es am einfachsten, sich dort niederzulassen und Kristalle zu bilden. Fertig sind Deine selbst gezüchteten Zuckerkristalle am Stiel!

Genau das Gleiche kannst Du auch mit Salz ausprobieren. Es funktioniert genauso, nur dass Salz am Stiel natürlich nicht so gut schmeckt …

Wenn Du beides machst und die Zuckerkristalle einmal mit den Salzkristallen vergleichst, wirst Du feststellen, dass sie unterschiedlich aussehen. Wie Kristalle aussehen und wachsen, hängt nämlich sehr davon ab, wie viele Atome und welche Sorten von Atomen die Kristalle aufbauen. Und das ist bei Zucker und Salz sehr verschieden, was man ja auch am Geschmack merkt.

Wenn Dir das Kristallzüchten Spaß gemacht hat, kannst Du auch mit Kristallbaukästen für Kinder experimentieren.

Ganz wichtig: Lass Dir beim Kristallezüchten unbedingt immer von einem Erwachsenen helfen!

Quiz

# Großes Quiz der Minerale und Gesteine

Du weißt jetzt sehr viel über Minerale und Gesteine, ja, Du bist ein richtiger Experte auf diesem Gebiet geworden. Wenn Du Lust hast, kannst Du einmal ausprobieren, was Du Dir alles gemerkt hast.
Kreuze bei jeder Frage eine oder mehrere Antworten (manchmal sind auch mehrere korrekt!) mit dem Bleistift an und schau am Schluss auf Seite xx nach, ob Du richtig getippt hast. Und nun viel Spaß!

**1. Wie nennt man Wissenschaftler, die Gesteine und Minerale erforschen?**

a) Geowissenschaftler ❍
b) Bauingenieure ❍
c) Geographen ❍

**2. Welche Werkzeuge gehören zur Grundausrüstung eines Geowissenschaftlers beim Proben nehmen?**

a) Hammer ❍
b) Lupe ❍
c) Kompass ❍

**3. Woraus sind Minerale aufgebaut und was bauen wiederum Minerale auf?**

a) Minerale sind aus Atomen aufgebaut, Minerale bauen Gesteine auf. ❍
b) Minerale bestehen aus Sandkörnern, Gesteine werden in einer Fabrik hergestellt. ❍
c) Minerale und Gesteine sind dasselbe. ❍

**4. Wie nennt man das Gebilde, das entsteht, wenn sich viele Atome zu einer geordneten Struktur zusammenschließen?**

a) Gitterrost ❍
b) Kristallebene ❍
c) Kristallgitter ❍

**5. Welche drei Hauptgruppen von Gesteinen gibt es?**

a) Spitze, runde und flache Steine ❍
b) Magmatische Gesteine, metamorphe Gesteine und sedimentäre Gesteine ❍
c) Schmucksteine, Edelsteine und Minerale ❍

**6. Und wie entstehen sie?**

a) Sie sind bereits beim Urknall entstanden. ❍
b) Durch Kristallisation aus Schmelzen, Umwandlung bei hohem Druck und hoher Temperatur und durch Ab- und Umlagerung bereits vorhandener Gesteine. ❍
c) Das hängt vom Wetter ab. ❍

**7. Welches ist der größte Teil des Erdinneren?**

a) Die Erdkruste ❍
b) Der Erdmantel ❍
c) Der Erdkern ❍

**8. Wie tief müsste man bohren um bis zum Erdmittelpunkt zu gelangen? Wie tief reichte die tiefste tatsächlich gemachte Bohrung?**

a) Der Erdmittelpunkt liegt knapp unter dem Ozeanboden. Mit der tiefsten Bohrung hat man die Erde einmal komplett durchbohrt! ........ ❍
b) Weil der äußere Erdkern flüssig ist, kann man gar nicht bis zum Erdkern bohren. ........ ❍
c) Der Erdmittelpunkt ist 6370 km tief. Die tiefste Bohrung gerade mal 12 km! ........ ❍

**9. Was findet man häufig am Rand der Erdkrustenplatten?**

a) Vulkane und Gebirge ........ ❍
b) Meteoritenkrater ........ ❍
c) Küsten ........ ❍

**10. Wie heißt der Ort, wo unter einem Vulkan Gesteine mit großen Kristallen entstehen?**

a) Magmakammer ........ ❍
b) Hochofen ........ ❍
c) Subduktionszone ........ ❍

**11. Wie nennt man das häufigste vulkanische Gestein?**

a) Basalt ........ ❍
b) Granit ........ ❍
c) Sandstein ........ ❍

**12. Wie nennt man die Umwandlung von Mineralen in einem Gestein durch Druck und Hitze umgewandelt werden und ein neues Gestein entsteht?**

a) Metamorphose ........ ❍
b) Sedimentation ........ ❍
c) Kristallisation ........ ❍

**13. Wie entstehen Faltengebirge?**

a) Wenn zwei Erdkrustenplatten sich aufeinander zu bewegen, zusammenstoßen und sich hochfalten. ... ❍
b) Während eines Erdbebens ........ ❍
c) Bei einem Unwetter ........ ❍

**14. Woraus besteht Sand?**

a) Aus kleinen Bruchstücken von Gesteinen ........ ❍
b) Aus Meteoriten ........ ❍
c) Aus Korallen ........ ❍

**15. In welchen Gesteinen findet man besonders oft Fossilien?**

a) In Kalksteinen ........ ❍
b) In Graniten ........ ❍
c) In Sedimentgesteinen ........ ❍

**16. Warum sind Meteorite so wichtig für Geowissenschaftler?**

a) Weil sie die Windrichtung anzeigen ........ ❍
b) Weil man durch sie viel über die Entstehung des Sonnensystems und der Erde erfährt. ........ ❍
c) Wegen des schönen Leuchtstreifens während des Flugs durch die Atmosphäre. ........ ❍

**17. Welche Art von Mineralen wird zur Herstellung von Geschirr verwendet?**

a) Tonminerale ........ ❍
b) Glimmer ........ ❍
c) Quarz ........ ❍

**18. Was ist die Hauptzutat um Glas herzustellen?**

a) Lehm ........ ❍
b) Wasser ........ ❍
c) Sand ........ ❍

**19. Welches Mineral ist das härteste und wird deswegen besonders gern als Schleifmittel verwendet?**

a) Diamant ........ ❍
b) Korund ........ ❍
c) Granat ........ ❍

**20. Aus welchem Mineral besteht ganz gewöhnliches Kochsalz?**

a) Feldspat ........ ❍
b) Halit ........ ❍
c) Quarz ........ ❍

## Lösungen zum Quiz

1) a: Geowissenschaftler erforschen Minerale und Gesteine.

2) a, b und c: Zum Probennehmen braucht der Geowissenschaftler beispielsweise Hammer, Lupe und Kompass.

3) a: Minerale bestehen aus Atomen und bauen ihrerseits Gesteine auf.

4) c: Wenn sich viele Atome zu einer geordneten Struktur zusammenschließen, nennt man das Resultat ein Kristallgitter.

5) b: Magmatische, metamorphe und sedimentäre Gesteine sind die drei Hauptgruppen.

6) b: Gesteine entstehend durch Kristallisation aus Schmelzen, Umwandlung bei hohem Druck und hoher Temperatur und durch Ab- und Umlagerung bereits vorhandener Gesteine.

7) b: Der Erdmantel ist der größte Teil des Erdinneren.

8) b und c: Der äußere Erdkern ist flüssig, daher könnte man gar nicht bis zum Erdmittelpunkt in 6 370 Kilometern Tiefe bohren, selbst wenn das technisch überhaupt ginge. Die tiefste Bohrung reichte bisher allerdings nur bis 12 Kilometer Tiefe.

9) a und c: Vulkane und Gebirge sowie Küsten liegen häufig am Rand der Erdkrustenplatten.

10) a: In Magmakammern entstehen unter einem Vulkan Gesteine mit großen Kristallen.

11) a: Das häufigste vulkanische Gestein ist Basalt.

12) a: Metamorphose nennt man die Entstehung eines neuen Gesteins, wenn durch Druck und Hitze Minerale im ursprünglichen Gestein umgewandelt werden.

13) a: Faltengebirge entstehen, wenn sich zwei Erdkrustenplatten aneinander hochfalten.

14) a: Sand besteht aus winzigen Stückchen Gestein.

15) a und c: In Kalksteinen und Sedimentgesteinen finden sich oft Fossilien.

16) b: Durch Meteorite erfahren Geowissenschaftler viel über die Entstehung des Sonnensystems und der Erde.

17) a: Tonminerale dienen häufig zur Herstellung von Geschirr.

18) c: Glas besteht vor allem aus Sand.

19) a: Diamant ist das härteste Gestein und daher ein begehrtes Schleifmittel.

20) b: Kochsalz besteht aus dem Mineral Halit.

# Entdecke die Reihe mit der Eule!

Entdecke die Fledermäuse

Entdecke die Rabenvögel

Entdecke die Greifvögel

Entdecke die Amphibien

Entdecke die Reptilien

Entdecke die Käfer

Entdecke die Möwen

Entdecke die Kraniche

Entdecke die Störche

Entdecke die Spechte

Entdecke die Finken

Entdecke die Singvögel

Entdecke die Robben

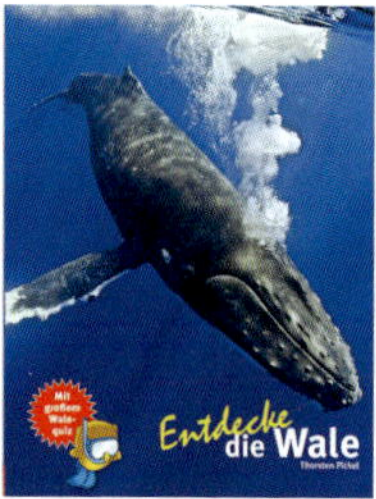

Entdecke die Wale

Entdecke die Haie

Entdecke die Pinguine

Entdecke die Papageien

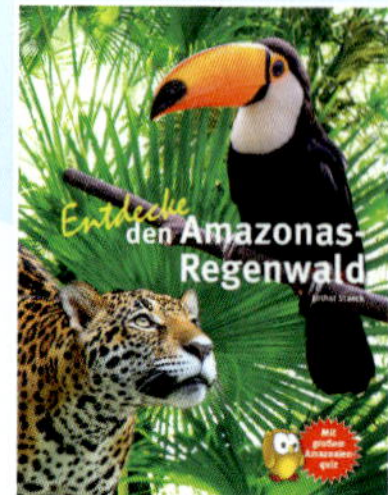

Entdecke den Amazonas-Regenwald

Entdecke die Hunde

Entdecke die Kühe

Entdecke die Esel

Entdecke die Pferde

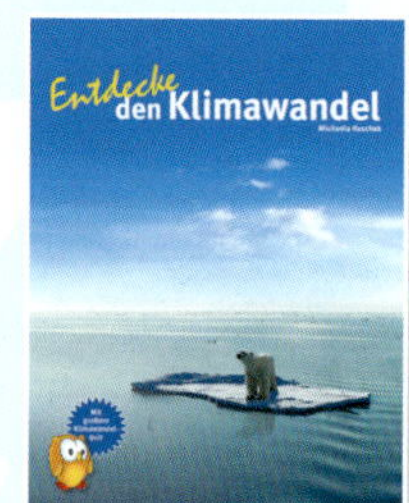

Entdecke den Klimawandel

Entdecke das Wetter

**Die Reihe mit der Eule:**

Die bunten Bände der Kinder-Sachbuchreihe für wissensdurstige Entdecker nehmen die Fragen der Kids ernst und beantworten sie auf kindgerechte, unterhaltsame Weise, ohne die Intelligenz der Kinder zu unterschätzen!

Begleitet werden die Kinder auf ihren spannenden Reisen von unserer schlauen Eule, die nie um Rat verlegen ist!

Entdecke Dodo, Beutelwolf & Co

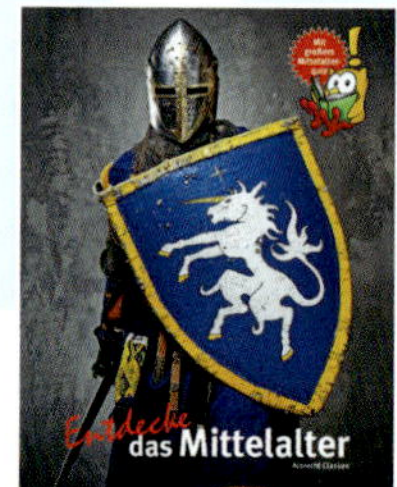

Entdecke das Mittelalter

Entdecke das Weltall

**Natur und Tier - Verlag GmbH**
An der Kleimannbrücke 39/41 · 48157 Münster
Telefon: 0251 - 13339-0 · Fax: 0251 - 13339-33
E-Mail: verlag@ms-verlag.de · www.ms-verlag.de